GUERRA ESPIRITUAL

MW00835076

GUERRA ESPIRITUAL

CHARLES F. STANLEY

Vida

DEDICADOS A LA EXCELENCIA

La misión de Editorial Vida es proporcionar los
recursos necesarios a fin de alcanzar a las personas
para Jesucristo y ayudarlas a crecer en su fe.

GUERRA ESPIRITUAL
© 2006 Editorial Vida
Miami, Florida

Publicado en inglés con el título:
Spiritual Warfare
Por Cook Communications Ministries
© 1995 por Charles F. Stanley

Traducción: *Grupo Nivel Uno, Inc.*
Edición: *Madeline Díaz*
Diseño interior y adaptación
de cubierta: *Grupo Nivel Uno, Inc.*

Reservados todos los derechos

ISBN-10: 0-8297-4646-3
ISBN-13: 978-0-8297-4646-4

Categoría: Vida cristiana / Crecimiento espiritual /
          Guerra espiritual

Impreso en Estados Unidos de América
Printed in the United States of America

07 08 09 10 ❖ 9 8 7 6 5 4 3 2

Durante la Guerra del Golfo, los ojos del mundo estaban enfocados en el Medio Oriente y en el conflicto creciente en esa región. En época de guerra siempre existe una amenaza de pérdida de vidas, remoción de libertades y destrucción emocional. Es raro que una nación emerja de la guerra sin algún tipo de cicatrices físicas o psicológicas.

Sin embargo, existe una guerra mucho más destructiva que las que se libran en el campo de batalla. Es una guerra espiritual y nos involucra a todos. Ninguno de nosotros se halla inmune. La tragedia en este caso es el hecho de que muchos no se dan cuenta de que están en medio de una batalla. Ignoran los signos de alarma y no son capaces de reconocer el intento destructivo del enemigo.

En 1 Pedro 5:8-10 se nos dice: «Sed sobrios, y velad; porque vuestro adversario el diablo, como león rugiente, anda alrededor buscando a quien devorar; al cual resistid firmes en la fe, sabiendo que los mismos padecimientos se van cumpliendo en vuestros hermanos en todo el mundo. Mas el Dios de toda gracia, que nos llamó a su gloria eterna en Jesucristo, después que hayáis padecido un poco de tiempo, él mismo os perfeccione, afirme, fortalezca y establezca».

IDENTIFIQUE AL ENEMIGO

Las Escrituras nos indican que nuestro enemigo no es solo una persona en la forma de Satanás, sino una confederación entera de espíritus malignos. «Entonces llamando a sus doce discípulos, les dio autoridad sobre los espíritus inmundos, para que los echasen fuera» (Mateo 10:1). La otra cosa que resulta muy clara en las Escrituras es que el enemigo y sus fuerzas son implacables en su persecución del cuerpo de Cristo. Su objetivo es evitar que hombres y mujeres se acerquen a conocer a Jesucristo como Señor y Salvador. Por esto Pedro escribió a la primera iglesia advirtiéndoles que se mantuvieran en guardia durante sus vidas. Él sabía que el enemigo no se detendría ante nada con el fin de socavar el plan de Dios en la vida de un creyente.

Kay Arthur, autor y maestro de la Biblia, explica: «Es claro que Satanás no está interesado en los asuntos de Dios. Usted puede estar seguro de que hará cualquier cosa que pueda a fin de crearle dificultades en su búsqueda de entendimiento y verdad. Recuerde, él odia la verdad y solo la utilizará cuando le sea ventajosa, dejando que se cuele entre sus mentiras para seducirlo y llevarlo por el mal camino. Y si eso no funciona, buscará engañarlo con señales y falsos milagros» (*Lord, Is It Warfare? Teach Me To Stand* [*Señor, ¿se trata de una guerra? Enséñame a resistir*], Multnomah Press).

Aunque que el poder de Satanás es limitado —él no es omnipresente, omnipotente ni omnisciente— fue creado por Dios y tiene un poder, un conocimiento y una belleza tremendas. No nos tienta con cosas que son desagradables o repulsivas, sino con cosas que atraen de gran manera a nuestros sentidos. Cuando desestimamos la advertencia de Dios de cuidarnos de la maldad [de Satanás] contra nosotros, estamos preparándonos a sufrir congoja y desilusión.

Satanás jamás le diría: «Yo soy tu mayor amenaza». Él se acerca en la forma de un ángel de luz... una falsificación de la verdad de Dios. Tiene cuatro objetivos: tentarlo para que dude de la Palabra de Dios; distraerlo de las cosas espirituales sobrecargando sus horarios y planes; incapacitarlo para el servicio del Señor llevando su testimonio a través de la culpa y el pecado; y destruir su integridad física y/o emocional.

Muchos creyentes van a la iglesia, dan su diezmo, y aun así son engañados por completo por las tácticas de Satanás. En la Guerra del Golfo, había algo que los comandantes no hacían: meterse en la trinchera con el enemigo. Ellos estudiaban sus movimientos con el objetivo de derrotarlos, pero jamás compartían sus actividades. Demasiados cristianos se exponen al ataque del enemigo por frecuentar lugares y hacer cosas que Dios nunca quiso que hicieran.

Dios nos ha llamado a cada uno de nosotros a vivir una vida de pureza y santidad (Romanos 12:1). Ninguna de estas cosas conduce al aburrimiento o al aislamiento. La vida de Jesús estuvo lejos de ser aburrida, y ciertamente él no fue un solitario. Los Evangelios están llenos de relatos del Señor extendiendo su mano a la gente, tocándolos, caminando junto a ellos, comiendo con ellos y prestando atención a sus más profundas necesidades. El amor de Dios fue toda la motivación que Jesús necesitó para sacrificar todo lo que tenía de modo que usted pueda disfrutar de todo lo que Dios da.

Otro peligro del que caen víctimas los cristianos es de simplificar la realidad de la presencia de Satanás. En su libro *Weather of the Heart* [*Inestabilidad del corazón*], Gigi Graham Tchividjian nos ofrece un relato de cuando ella era niña y cantaba una canción tonta sobre el demonio. Una noche durante la cena, todos los niños de la familia se le unieron para cantarla a coro y para su sorpresa recibieron la reprimenda del padre. Con un gesto bien serio, el Sr. Graham les dijo: «No quiero volver a escucharlos cantar esas estrofas».

«Nos quedamos atónitos, porque él era un hombre blando y sensible que más bien tendía a malcriarnos. Todos lo miramos.

»"¿Por qué papito?"

»"Porque el demonio es un buen demonio", contestó.

»Todos —incluida mamá— soltamos una carcajada. Entonces notamos que nos miraba muy serio y cesaron las risas.

»"Lo que quiero decirles", explicó, "es que el demonio hace muy bien su trabajo de ser demonio, y pienso que no está bien tomarlo a la ligera o burlarse de él. Es real, y es poderoso, y esto no es un asunto para bromear"».

Muchos de nosotros recordamos un comediante que hace unos años se ganaba la vida contando historias de cómo había hecho cosas malas «porque el demonio le había obligado a hacerlas». A Satanás le encanta esta clase de atención. Reduce su imagen a nada más que una divertida irritación. Sin embargo, en años más recientes, Hollywood se ha vuelto tremendamente gráfico en sus descripciones de las fuerzas demoníacas. Usted puede preguntarse qué cosecharía Satanás de este tipo de exposición: muchísimo. Su objetivo al exponerse a sí mismo de este modo es el mismo que describió Graham, y no es ni más ni menos que adormecernos para que pensemos que nada de lo que vemos en la televisión o en las películas es posible. Él quiere atontarnos para que pensemos que no existe, pero no se dejen embaucar. Su engaño es un pasadizo angosto que en última instancia conduce a la destrucción.

HE AQUÍ, TE DOY PODER

En Lucas 10:19, Jesús dice a sus discípulos: «He aquí os doy potestad de hollar serpientes y escorpiones, y sobre toda fuerza del enemigo, y nada os dañará». Aquí él les está hablando sobre temas espirituales y de evitar ser cautivados por la mentalidad de este mundo. Existe una razón para esto; por el momento, Dios ha permitido que Satanás se posicione como príncipe de esta era. Si bien su destino final es la muerte eterna, hoy es una fuerza que debe ser reconocida y tratada de manera acorde a su naturaleza. Uno de los más importantes principios que debemos aprender como creyentes es que la Palabra de Dios y la victoria de Cristo sobre la muerte en la cruz han roto su poder. No debemos retraernos sobrecogidos de temor sino que podemos mantenernos de manera victoriosa mientras la fuerza de nuestra fortaleza se apoye en Jesucristo. Levántese contra él con la fuerza humana solamente, y será abatido en derrota. Tan solo a través del poder de la sangre de Jesucristo se nos da autoridad sobre la maldad de Satanás.

Nuestro fundamento sólido es orar y ocupar nuestra legítima posición en Cristo. La fuerza de Dios nos sostiene en tiempos de pesar y extrema presión y desdicha. Cuando alineamos nuestros corazones y mentes con la presencia del Espíritu Santo que mora dentro de nosotros, ingresamos en un reino de paz al que Satanás no puede acceder.

Noten que en Lucas, Jesús no envió a los setenta discípulos sin la apropiada preparación. Él estuvo con ellos en espíritu. Él es nuestro Emanuel... Dios con nosotros. En su omnipresencia, viajó con sus discípulos a medida que ellos recorrían Judea. Jesús nunca nos abandona. Es nuestro constante Señor y Salvador. Por eso estos discípulos tenían poder sobre el enemigo. Ellos no iban por su cuenta. Andaban en el poder de Dios, que era el poder de Cristo.

Jesús no solo fue con ellos en espíritu, sino que también les dio instrucciones detalladas acerca de cómo manejar las situaciones que enfrentaban. Cuando usted pide sabiduría a Dios, él se la da. Su corazón rebosa de amor por nosotros para toda la eternidad. Cuando se halle en problemas, Dios estará allí para usted. Cuando caiga en la tentación, vendrá a usted, pero debe implorarle y reconocer que tiene necesidad de él.

Cuando los discípulos volvieron de cumplir su misión, fueron felicitados por Jesús, que estaba encantado con el éxito de ellos. Él les dijo: «Yo veía a Satanás caer del cielo como un rayo» (Lucas 10:18). Al enfocar sus corazones en Dios y no en sus circunstancias, los discípulos realizaron un descubrimiento excepcional: el enemigo era derrotado. La principal razón por la que no dependemos de Dios en mayor medida es que somos orgullosos. Nos decimos a nosotros mismos que podemos manejar la vida solos... no necesitamos a Dios. O nos negamos a rendirnos entregando nuestras vidas a su propósito y control. Vamos tras nuestros propios deseos, sin pensar en la voluntad de Dios. Muchas veces acabamos sintiéndonos solos, luchando con pensamientos de amargura y temor, todo por haber elegido hacer las cosas de este modo. Lo que descubrimos es que el egocentrismo es una herramienta mortal en las manos del enemigo.

Jesús se aseguró de que los discípulos no llevaran nada con ellos. Las bolsas, las maletas y el calzado fueron dejados en casa. Dependían solamente de Dios, no de sí mismos. La única instrucción que les impartió en cuanto a lo que debían realizar fue que anunciaran ante los demás la venida del reino de Dios. No debían ser hallados dedicándose a otros asuntos.

Necesitaban mantenerse enfocados en aquello que el Señor les había encomendado que hiciesen. Si usted se enfoca en satisfacer el deseo de su naturaleza pecadora, entonces tarde o temprano cederá a la tentación.

El primer blanco de Satanás en la vida del creyente es la mente. Allí se inicia el pecado, en nuestras mentes. El enemigo pone la tentación a nuestros pies, y nos preguntamos cómo sería tocarla. El peligro es que una vez que la tocamos, nuestra naturaleza pecadora emerge a la vida a través de nuestras emociones. Es muy difícil detener un tren en movimiento cuando no tiene sistema de frenos. Y esto es lo que sucede una vez que nuestras antenas emocionales se activan y respondemos a su apremio.

Desde el pecado de Adán en el Jardín del Edén, hemos heredado una naturaleza caída. Cuando aceptamos a Cristo como nuestro Salvador, una nueva vida y una nueva naturaleza nos son dadas. Sin embargo, dado que el mundo en que vivimos ha caído, y en él abunda el pecado, ahora tenemos que elegir entre el pecado y la verdad de Dios. Puede que sepamos lo que es correcto, pero como aquella vieja naturaleza pecadora nuestra anhela saborear el fruto prohibido, nos vemos enredados en una lucha feroz. En Romanos, el apóstol Pablo nos dice que el único que puede salvarnos de este conflicto es Jesucristo. «¡Miserable de mí! ¿Quién me librará de este cuerpo de muerte? Gracias doy a Dios, por Jesucristo Señor nuestro» (7:24-25).

Dios le ha dado vida para que usted pueda glorificar su nombre. En Juan 15:5, Jesús le dice a sus seguidores: «Separados de mí nada podéis hacer». Cada momento, cada segundo de su vida, transcurre en una de estas tres maneras: viviendo en la voluntad de Dios, satisfaciendo las urgencias de su carne, o cediendo a las tentaciones de Satanás. El interés de Dios es que usted aprenda a discernir entre las tres y escoja el don máximo de la vida a través de subordinarse a su voluntad y a su plan. Él dio su vida por usted como paga eterna por sus pecados. Pero, aun así, existe otra razón por la que Cristo vino a la tierra, y esta fue extender el poder divino de Dios a cada uno de nosotros.

En Hechos 1:8, Cristo advirtió a sus discípulos que permaneciesen en Jerusalén hasta que recibieran el poder de Dios con la venida del Espíritu Santo. Este poder es del mismo tipo que el que utilizó Dios para resucitar a Jesús de la muerte. En Grecia, la palabra para esta clase de poder es *dunamis*, el mismo término usado para *dinamita*. Se trata de la fuerza de la resurrección que no cede a los intentos de Satanás. Cuando Cristo nos dio el poder, nos otorgó una porción milagrosa de esa fuerza suya a fin de ser utilizada para su gloria. Podemos enfrentar al enemigo porque Dios nos ha dado el poder de hacerlo.

El Dr. R. A. Torrey señala: «Es un privilegio nuestro obtener diariamente, a cada instante, una victoria constante sobre la carne y el pecado. Esta victoria no está en nosotros, ni en ninguna fuerza propia. Por nosotros mismos, alejados del Espíritu de Dios, estaríamos tan indefensos como siempre. Cierto es que en nosotros, es decir, en nuestra carne, no habita ninguna cosa buena (Romanos 7:18). Todo está en el poder del Espíritu inmanente, pero el poder del Espíritu puede hallarse en una plenitud tal que uno podría llegar a ni siquiera estar conciente de la existencia de la carne.

»Parece como si esta estuviera muerta y se hubiese ido para siempre, pero solo es colocada en el lugar de la muerte por el poder del Espíritu Santo. Si por un momento apartásemos nuestros ojos de Jesucristo, si dejásemos de cumplir con el estudio diario de la Palabra y la oración, nos derrumbaríamos. Debemos vivir en el Espíritu y caminar en el Espíritu si hemos de tener victoria constante (Gálatas 5:16,25). La vida del Espíritu dentro de nosotros debe ser mantenida por medio del estudio de la Palabra y la oración».

VISTIÉNDOSE PARA LA BATALLA

Una de las primeras cosas que aprendemos como resultado de estudiar la Palabra de Dios es que tenemos armas de guerra espirituales a nuestra disposición. El apóstol Pablo nos dice en Efesios que nos revistamos por completo con la armadura de Dios, que es nuestra protección diaria contra el enemigo. Revestirse con la armadura de Dios no es una acción de un solo acto, sino una acción continua que nos permite mantenernos de manera firme en nuestra fe en Cristo. «Vestíos de toda la armadura de Dios, para que podáis estar firmes contra las asechanzas del diablo. Porque no tenemos lucha contra sangre y carne, sino contra principados, contra potestades, contra los gobernadores de las tinieblas de este siglo, contra huestes espirituales de maldad en las regiones celestes» (Efesios 6:11-12).

Muchos se preguntan por qué se hace énfasis en revestirse con la armadura de Dios. Una de las razones es una verdad simple: los demonios reconocieron a Jesús y lo reconocerán a usted como uno de los que pertenecen a él. Warren Wiersbe escribe: «Los demonios tienen fe (Santiago 2:19) pero no es lo único positivo. Creen que Jesucristo es el Hijo de Dios con autoridad para comandarles. Creen en un juicio futuro (Mateo 8:29) y en la existencia de un lugar de tormento al cual podría enviarlos Jesús ("el abismo", Lucas 8:31). También creen en la oración, pues le rogaron a Jesús que no los enviara al abismo. Le pidieron que en lugar de eso los dejara entrar en unos cerdos que estaban cerca, y Jesús les concedió el permiso de hacerlo». En Lucas 4:34 se atemorizaron ante su presencia y exclamaron: «Déjanos; ¿qué tienes con nosotros, Jesús nazareno? ¿Has venido para destruirnos? Yo te conozco quién eres, el Santo de Dios». Jamás discuta con el enemigo. Si advierte que está tratando de conducirlo a un debate, haga lo que hizo Jesús. Él pronunció ante ellos este mandato: «¡Cállate, y sal de él [del hombre que se hallaba poseído]!»

Cristo nunca puso su atención sobre sí mismo, y lo mismo deberíamos hacer nosotros. Su vida entera estuvo dedicada a glorificar al Padre. Al enemigo le encanta pescarnos centrados en nosotros mismos. Esta es la principal razón por la cual deberíamos utilizar el nombre de Jesús cuando oramos en contra de nuestro adversario. Cristo nos dice que debemos ser humildes, sobrios en espíritu, y permitir que Dios nos exalte en el momento apropiado. «Humillaos, pues, bajo la poderosa mano de Dios, para que él os exalte cuando fuere tiempo ... Sed sobrios, y velad; porque vuestro adversario el diablo, como león rugiente, anda alrededor buscando a quien devorar; al cual resistid firmes en la fe» (1 Pedro 5:6-9).

La armadura, en sí y por sí misma, no es una defensa mágica contra el enemigo. Tan solo repetir los versículos escritos en Efesios 6 no lo pondrá a salvo de los ataques del maligno. Es al aprender sobre la armadura y sobre nuestra posición en Cristo que entendemos la victoria que es nuestra aun en los peores tiempos de adversidad. Es nuestra fe en la verdad de Dios lo que da tanta importancia a la armadura para la guerra espiritual.

Es lamentable percatarse de que son pocos los cristianos que toman en serio la advertencia de Pablo. Se levantan por la mañana y salen corriendo pues se les hace tarde para el trabajo o están apurados por los horarios en que deben llevar a sus hijos a la escuela. Cuando un jugador de fútbol entra al campo de juego, no viste chaqueta y corbata. Usa el uniforme completo de su equipo, con rodilleras, casco y los zapatos deportivos reglamentarios. Si somos capaces de comprender la lógica de esto, ¿por qué nos resulta tan difícil entender cuando se trata de que para que podamos salir victoriosos en nuestro andar con Dios, debemos ataviarnos espiritualmente? Suelo comenzar cada día orando y pidiendo a Dios que me revista con su armadura. También le pido que me prepare para las situaciones que enfrentaré a lo largo de mi rutina diaria. Usted puede hacer lo mismo. Lo que sigue es una lista breve que detalla la armadura y las sugerencias en cuanto al modo de orar y pedir a Dios que lo mantenga firme dentro de su cuidado protector.

• Comience cada mañana dando gracias a Dios por su cuidado soberano sobre su vida. Reconozca el hecho de que la victoria es suya sin importar lo que sea que esté enfrentando, siempre y cuando usted respete su plan de batalla. Por fe, declaro la victoria sobre _____ (suelo enlistar cualquier situación o decisión que sé que deberé enfrentar durante el día). Luego demande cada pieza de la armadura para su legítima defensa contra el enemigo.

• Por fe, colóquese el cinturón de la verdad. Dé gracias a Dios por su soberana verdad y por conocerlo perfectamente —con todas sus fortalezas y debilidades— y amarlo con perfecto amor. Reconozca el hecho de que usted es una criatura nueva en Cristo y ha sido liberado del poder del pecado. Satanás desea que no se enfoque jamás en su victoria en Cristo. En lugar de eso, le gusta que comience cada día descorazonado y vencido. Otra de sus tácticas es llevarlo con engaños a pensar que usted es más talentoso y más inteligente que otros. Dios nunca bendice el orgullo. En lugar de eso, sus bendiciones están reservadas para el humilde y dócil de espíritu.

• Colóquese la coraza de la justicia. Pídale a Dios que proteja su corazón y sus emociones durante el día. Ore para que también lo guarde de verse involucrado en algo que sea impuro o que lo lleve a ceder a la tentación de Satanás. Percátese de que Dios nunca nos llama a vivir a través de las emociones; nos llama a vivir por medio de una fe basada en su verdad. La coraza protege nuestra voluntad y nuestras emociones. La verdad nunca oscila cuando es confrontada por la adversidad, pero nuestras emociones sí lo harán.

• Reclame las sandalias de la paz y someta su vida al Señor para sus propósitos. Ruegue para poder aprender a descansar en el Señor durante el día (Filipenses 4:6-7). Increíblemente, cuando aprende a hacer esto comenzará a ver que su paz es adecuada a cada prueba y congoja. Mas si usted está siendo hiriente, nunca tema comunicarlo a Dios. Él jamás lo hará sentir culpable; el Señor es su consuelo, y protegerá su corazón.

Ore también para ser utilizado por él para tocar a otros con su paz y esperanza haciéndolo sensible a las necesidades de los que se hallan a su alrededor. Hay mucha gente herida y temerosa de decir algo por miedo a resultar una molestia. Incluso si no puede brindar ayuda financiera o material, usted puede orar por las necesidades de los demás. Jesús se brindó siempre. Él no tuvo miedo de llegar y tocar al herido ni sintió repulsión por el pecador. El Señor buscó erradicar el pecado amando al pecador.

• Porte el escudo de la fe y manténgase firme en el amor de Dios. Fuera de Dios, usted nada puede hacer. Pero con él todas las cosas son hechas (Filipenses 4:13). Nada de lo que el enemigo pueda arrojar en su camino puede penetrar el escudo del amor protector de Dios. El Señor incluso nos dice en Isaías que él es nuestra retaguardia (52:12). Podemos atravesar el día sin temor porque el mismo Dios que puso al universo entero en movimiento es quien nos ama y quien proveerá para cada una de nuestras necesidades. Él lo protege de cada intento maligno de Satanás. Pero para usted también existe una responsabilidad. Dios solo puede hacer lo que le permite.

Si bien puede hacer y de hecho hace milagros, si usted se rehúsa a seguir su plan y hace algo a sabiendas fuera de su voluntad, él no lo detendrá. Jamás lo obliga a hacer algo en contra de su voluntad. Es elección suya determinar cuán cerca estará de Dios. No obstante, es necesario que sepa que el pecado tiene consecuencias naturales. Satanás ha hecho tropezar a muchos creyentes tentándolos para que sigan un camino diferente del que Dios ha planeado. Por ejemplo, el escudo de la fe no le servirá de nada si usted insiste en ver pornografía.

• Cálcese el casco de la salvación. La guerra en la que estamos involucrados como creyentes no es física; es una batalla librada dentro de la mente, la voluntad y las emociones. Satanás tiene el hábito de bombardear las mentes con pensamientos de maldad, miedos, dudas y celos. Él sabe que si logra descorazonarnos querremos rendirnos, y al hacerlo, ya no seremos útiles para Dios. Pero el casco de la salvación nos protege contra los pensamientos que nos atormentan. Cuando usted demanda el casco de la salvación, verbaliza el señorío de Cristo sobre su vida. Usted puede elegir detener todos los pensamientos impuros y negativos. Yo elijo entregar a Cristo todos mis pensamientos en cautiverio y escojo pensar en todo lo que es bueno y justo, en todo lo que agrada a Dios (Filipenses 4:8-9).

• Finalmente, empuñe la espada del Espíritu, que es la Palabra de Dios. Agradézcale por el precioso don de su Palabra. Existe un propósito de Dios para permitir cualquier situación que le toque enfrentar, y él tiene un plan para verlo avanzar a través de ella. Por medio del estudio de su Palabra, usted construye una base de poder en su mente. Cuando llegan los problemas, el Espíritu Santo trae a la mente la parte apropiada de las Escrituras para ayudarlo a combatir de forma victoriosa contra el enemigo. La Palabra de Dios nos recuerda que no tenemos ninguna obligación de satisfacer los deseos de la carne (Romanos 8:8-9). Estamos libres del poder del pecado porque aquel que está en usted es mayor que el que está en el mundo (1 Juan 4:4). Así que por medio de la fe usted puede empuñar la poderosa espada del Espíritu, que es su segura defensa.

LA VICTORIA PERTENECE A DIOS

En *Reclaiming Surrendered Ground* [Recupere el terreno entregado], Jim Logan, consultor psicológico cristiano, escribe: «Su verdadera creencia es revelada por lo que usted hace bajo presión. La mayoría de nosotros, cuando atravesamos épocas de tensión, no consideramos que pueda haber una batalla espiritual subyacente en nuestras vidas. Pero solemos estar en medio de un combate feroz con el enemigo de nuestras almas. La guerra espiritual es una realidad bíblica. La pregunta no es si luchamos con espíritus demoníacos sino quién va ganando. Esos espíritus, ¿nos han atrapado? ... El apóstol Pablo dijo que él no quería que los creyentes corintios ignoraran los mecanismos o dispositivos de Satanás (2 Corintios 2·11), pero en la actualidad lamentablemente la iglesia de Jesucristo ignora el modo en que trabaja nuestro enemigo.

»Entienda por favor que no estoy hablando de acontecimientos bizarros ni de objetos volando por el aire ... Para la vasta mayoría de los cristianos ... la guerra espiritual no es más que otro nombre para la batalla diaria que libramos "contra todo lo que hay en el mundo, los deseos de la carne, los deseos de los ojos, y la vanagloria de la vida" (1 Juan 2:16)».

Cada vez que analizamos la guerra espiritual, es importante que recordemos que la victoria final es de Dios. En ningún punto él nos pide que nos defendamos solos o que combatamos al enemigo con nuestros limitados recursos. Jesús dijo a sus discípulos: «Estas cosas os he hablado para que en mí tengáis paz. En el mundo tendréis aflicción; pero confiad, yo he vencido al mundo» (Juan 16:33). Estas son sus palabras de esperanza para aquellos que depositan su confianza en él. Jesús ha vencido al enemigo y ahora reina a la derecha del Padre, intercediendo por nosotros (1 Juan 2:1). Cristo hizo frente a la tentación de Satanás victoriosamente y nos brindó a nosotros un modo de hacer lo mismo.

Una de las herramientas de Satanás en la vida de un creyente es el desaliento. Él sabe bien que si puede desanimarlo y abrumarlo con sentimientos de inferioridad, culpa e impotencia o indefensión, usted se verá inclinado a rendirse y dejar a un lado su compromiso con Jesucristo. No incurra en ninguna equivocación sobre esto, porque él llegará a donde sea con el fin de alcanzar su objetivo. Mark Bubeck escribe en su libro *The Adversary* [*El Adversario*]: «En la guerra espiritual, el énfasis del creyente debe estar en un enfoque doctrinal, bíblico del tema. Los sentimientos subjetivos, los deseos emocionales y la sinceridad ferviente no son suficiente armamento contra Satanás. Él no deja espacio a la emoción ni a la sinceridad. Él solo se retira cuando queda frente a la autoridad del Señor Jesucristo y a la verdad de la Palabra de Dios».

Los no creyentes tiene mucho de qué lamentarse; ellos están ciegos espiritualmente y no comprenden el fin último. Una encuesta reciente indica que la mayoría de las personas creen que existe el infierno, pero su deseo no es acabar allí. Cuando se les pregunta quiénes creen que irían, muchos responden con los nombres de dictadores caídos y asesinos de masas. Sin embargo, lo cierto es que a menos que lleguen a un punto en el que comprendan la verdad y se vuelvan al Hijo de Dios en busca de perdón, ellos serán los que pasarán la eternidad separados de Dios en el infierno.

Jim Logan escribe: «Cuando se trata del pueblo de Dios, los espíritus del mal son solo espíritus de influencia. Para los no creyentes del mundo, esta no es la verdad. Ellos son firmes prisioneros al alcance de Satanás, bajo su control, cegados en sus corazones y mentes y totalmente muertos a la verdad espiritual hasta recibir la inspiración del Espíritu Santo. Ellos forman parte de su reino de oscuridad (Efesios 2:2)».

Cuando los comandantes de la Guerra del Golfo se sentaron a planear las estrategias, su primer objetivo fue conocer a su enemigo. Como cristiano, necesita saber que Satanás nunca se rinde en su persecución sobre usted. Él desea que caiga en la tentación. Y cuando eso suceda, será el primero en publicar su falta.

Dios jamás lo acusará. Él lo conoce a la perfección y desea solo hacer lo que es mejor para usted (Romanos 8:1). Su mayor objetivo es que llegue a conocerlo a través de una relación personal. Dado que es sociable, él ansía nuestra amistad. Nada puede reemplazar la amistad con Dios. Muchas veces pensamos que las personas o cosas nos pueden traer felicidad. Sin embargo, aprendemos con rapidez que no importa cuánto dinero ni cuántos amigos tengamos, sin Dios estaremos solos y necesitados.

Satanás pinta una buena imagen. Él nos dice que tenemos muchísimo tiempo para llegar a conocer a Cristo. Nos alienta a ir tras cosas como la popularidad, la fama y la fortuna. Distorsiona la verdad, nos seduce con inmoralidades, y jamás hace mención de las consecuencias de nuestro pecado: los corazones rotos, las lágrimas, la baja autoestima que el pecado trae. Él nos hace descender por un camino oscuro, sin decirnos jamás lo que nos costará emocional, física y mentalmente.

Pero no debe engañarse. Jesucristo es nuestra torre inquebrantable. Y él lo salvará y le dará esperanza. Nunca se puede amar demasiado a nuestro Señor Jesucristo. Y cuanto más cerca esté de él, más experimentará su paz de un modo que el mundo jamás conocerá. Su mejor defensa contra el enemigo es su amor y devoción a Jesucristo. En cuanto alcance una íntima amistad con él, recibirá la fuerza y el entendimiento necesarios para resultar victorioso contra Satanás y sus artimañas.